LUCHI

MISIÓN: SALVAR EL PLANETA

Luchi
Misión: Salvar el planeta

© del texto: Elena Sáiz Marín
© de las ilustraciones: Virginia García
© del diseño y corrección: Equipo BABIDI-BÚ

© de esta edición:
Editorial BABIDI-BÚ, 2024
Avda. San Francisco Javier, 9, 6ª, 23
Edificio Sevilla 2
41018 - SEVILLA
Tlfn: 912 665 684
info@babidibulibros.com
www.babidibulibros.com

Impreso en España
Primera edición: julio, 2024

ISBN: 978-84-10329-34-8
Depósito Legal: SE 1379-2024

LUCHI

MISIÓN: SALVAR EL PLANETA

ELENA SÁIZ MARÍN

ILUSTRADO POR VIRGINIA GARCÍA

A mi hermana, por descubrirme el
maravilloso mundo de los cuentos

«Mucha gente pequeña,
en lugares pequeños,
haciendo cosas pequeñas,
PUEDE CAMBIAR EL MUNDO»

Eduardo Galeano

ÍNDICE

CAPÍTULO 1

LUCHI QUIERE SER INGENIERA

Lucía, o Luchi como la llamaban en su casa, era una niña con suerte y ella lo sabía. Tenía unos padres maravillosos, de esos que se tiran al suelo para jugar y que nunca han dejado de soñar. También tenía una hermana mayor llamada Ana. Las dos eran muy distintas, tan diferentes como el agua y el aceite.

A Ana le encantaba el rosa. Todo a su alrededor tenía que ser de ese color. De hecho, el coche familiar casi acaba de ese tono, ya que en casa todo se sometía a votación y el voto de las hijas contaba doble. Pero el color favorito de Luchi era el verde. Según ella, era el color de la suerte, de la esperanza, y de la naturaleza. Cuando quería que algo le saliese bien, se vestía de pies a cabeza de verde. Parecía un duendecillo irlandés.

A la hora de jugar, Ana prefería las muñecas. Las ponía a todas en fila en el pasillo y les echaba unas resplandinas tremendas. Mientras que su hermana Luchi la miraba alucinada. Ella prefería los coches. ¡Menudos circuitos de carreras montaba por toda la casa! Tenía coches de todos los modelos, tamaños y colores. Siempre llevaba uno en el bolsillo.

En lo que sí coincidían era en su juego favorito: las telas. Un pasatiempo de lo más entretenido que consistía en utilizar los retales que les traía su abuela, que era modista. Eso sí, los usaban de forma muy diferente. Ana, como digna nieta de su abuela, hacía vestidos para ella y para todos los muñecos de la casa. Luego los ponía a desfilar como si se tratase de una pasarela de la última moda de París. Soñaba con ser una diseñadora famosa. Luchi, por el contrario, construía casas. Los pilares eran las sillas, alguna caja hacía las veces de puerta y luego ponía las telas por encima para hacerse un escondrijo donde guardaba todos sus artilugios.

Lo que más le apasionaba a Luchi era ayudar a su padre a reparar todo tipo de cacharros. Él era ingeniero y por encima de todo un manitas, de esos que lo arreglan todo, todo y todo. Así que, como si se tratara de un pinche de cocina, iba allá donde fuera su padre: a arreglar una ventana, una lavadora, la televisión, un mueble o a construir una barbacoa de esas de obra. Incluso, cambiaron juntos toda la instalación de electricidad de la casa de su abuela. Ese día Luchi supo que sería ingeniera.

A partir de entonces, además de seguir ayudando a su padre, empezó a realizar sus propios experimentos e inventos. Lo primero que hizo fue una radio con una bobina, un cable enrollado que se encontró en la caja de herramientas. Qué momento aquel en que se empezaron a escuchar voces lejanas. ¡Funcionaba! Y lo mejor de todo era que lo había construido ella.

Y así pasaron unos añitos entre invento e invento. Un día mirando a las estrellas, Luchi se preguntó si se podría construir un sistema de comunicación para escuchar las voces de los extraterrestres. Así que fue corriendo a preguntar a su padre si eso era posible. Él, lejos de reírse como solían hacer otros adultos con sus ideas, le dijo muy serio:

—Sabes, Luchi, hay mucha gente que ha estado años investigando esto, pero como el universo es tan grande, todavía no hemos descubierto vida en él y menos comunicarnos con los posibles extraterrestres. —Y continuó con una sonrisa—: Pero ¿sabes una cosa?, lo único imposible es aquello que no se intenta. Lo importante es empezar. Tú apunta a las estrellas y seguro que descubrirás cosas asombrosas.

Así que eso hizo, se puso manos a la obra. Salía corriendo del cole y en cuanto llegaba a casa se ponía a investigar. Ella estaba segura de que con lo grande que era el universo tenía que haber distintas especies de extraterrestres. Le gustaba imaginarlos de todos los colores: rojos, verdes, azules… Con tres ojos, cuatro brazos y cinco piernas.

CAPÍTULO 2

ÁNGEL, EL GRAN ALIADO

Pasaban las horas, los días y las semanas sin que hubiese ningún progreso. Una mañana en el colegio su mejor amigo Ángel le preguntó por qué se iba siempre tan deprisa después de clase. La verdad es que llevaba unas semanas que no le hacía ni caso. Ya no iba a la cuesta del patio para hacer carreras con los patinetes, ni hacían circuitos con los coches y tampoco se quedaba al torneo de baloncesto. Tenía toda su energía puesta en su invento para comunicarse con los extraterrestres.

Luchi no le quería contar nada a Ángel porque ya se sentía suficientemente diferente a los demás. No era una chica de esas que sueñan con ser princesas y les encanta el rosa. A ella le gustaba el verde y quería ser ingeniera. Sin embargo, Ángel era de esas personas que no aceptaban un «no» por respuesta, así que no paró hasta saber qué tramaba su amiga.

—¡Cómo no me lo has contado antes! —le dijo un poco molesto, pero visiblemente emocionado con la idea.

En ese momento Luchi se dio cuenta de que había sido una tontería no contárselo. Era su mejor amigo. Además, había decidido confiar en su instinto sin importarle lo que pensaran los demás.

Ángel era un entusiasta de los ordenadores. Nadie sabía más que él en el colegio. Incluso, había hecho varios videojuegos que luego vendía por un precio simbólico para así comprarse unos bollitos de canela, que eran su debilidad. Por eso, era el aliado perfecto para montar su sistema de comunicación.

Así que, a partir de ese día, salían los dos corriendo cada vez que sonaba la campana del final de las clases. Y en vez de echar la carrera de patinetes en la cuesta del patio, la hacían de camino a casa. Porque si no lo he dicho antes, Ángel y Luchi, además de ser mejores amigos, eran vecinos.

La habitación de Luchi era más conocida como «el laboratorio». Y es que ni las mejores universidades tenían un cuarto con tantos aparatos. Día tras día, empezaron a construir un superordenador con un sistema de comunicación sin parangón. Para ello, pusieron una antena parabólica tan grande en la azotea que los demás vecinos casi les echan de casa. Lo cierto es que a los dos días comenzaron a ver más canales de televisión y con mejor definición. Por eso, al final les dejaron tranquilos. Su principal aliada había sido doña Ofelia, la vecina del quinto que se había aficionado a las telenovelas románticas y por nada del mundo quería dejar de verlas.

Aun así, los días pasaban y solo escuchaban unos sonidos raros. Un ritmo de tres golpes cortos, tres largos y luego otra vez tres cortos. Después paraba, pero al rato volvía a sonar otra vez la misma cantinela.

—Pues vaya —dijo Ángel con cierto disgusto.

Pero en ese momento, Luchi se acordó de lo que había aprendido con los *Scouts*.

—¡Es código morse! —gritó emocionada—. Ese sonido es el código que indica peligro. ¡Nos están pidiendo ayuda!

—¿Qué podemos hacer? Como no nos digan más… ¿Y si los extraterrestres han visto un meteorito y nos están avisando?

Ángel, que no se perdía una película de ciencia ficción, ya lo tenía claro. Era como en las películas. Esas en los que unos astronautas se tienen que lanzar al espacio a salvar el mundo de una colisión inminente de un meteorito. Pero Luchi no estaba convencida.

—Si fuese así ya habrían dicho algo en las noticias.

—Luchi, no seas ingenua —se quejó Ángel—. Este tipo de noticias no se sueltan sin más.

—Bueno, bueno… Pero entonces, ¿qué hacemos? —preguntó Luchi con los ojos muy abiertos—. Porque algo habrá que hacer.

—En las películas suelen lanzar un cohete para desviarlo —dijo Ángel—. El otro día vi una en la que mandaban a unos astronautas a poner unos explosivos en el meteorito para cambiar su trayectoria.

—Pero Ángel, ni somos astronautas ni tenemos un cohete.

—¿Y si nos subimos de polizones en uno? —preguntó Ángel pensando en voz alta—. Tú has hecho ya muchísimos inventos y podemos hacernos unos trajes de astronautas para nosotros. Luego, nos subimos en uno y una vez que estemos en el espacio, no nos van a echar.

—Ya, pero… ¿y nuestros padres?

—Ese río ya lo cruzaremos más adelante, ¿no te parece? —dijo Ángel guiñando un ojo a su amiga.

—La verdad es que sería genial ver nuestro planeta desde el espacio. Tiene que ser como una pelota gigante de baloncesto azul. —Luchi ya había empezado a soñar despierta—. Pero la parte importante: ¿y el cohete?

Entonces Ángel se acordó:

—Estamos de suerte, van a hacer un lanzamiento en España, creo que por el sur, aunque no sé muy bien dónde. Es un programa espacial europeo —había cogido carrerilla y ya no había manera de pararle—. ¿No te has enterado de la segunda carrera espacial, la de volver a la Luna? Los europeos se han puesto firmes y quieren ganar a los americanos. La verdad es que lo tenemos difícil, pero desde luego en este primer intento les llevamos la delantera. Nos da tiempo de sobra para preparar los trajes y buscar una coartada con nuestros padres.

—¡Pues manos a la obra! —gritó Luchi entusiasmada.

CAPÍTULO 3

ANA Y EL CENTRO DE CONTROL

Durante el siguiente mes recopilaron todos los materiales que encontraron y se hicieron con todos los rollos de papel de aluminio posible. También vieron todas las películas favoritas de Ángel de ciencia ficción para tomar ideas.

Juntos vieron la película de *Apolo XIII* varias veces e intentaron hacer lo mismo que los ingenieros de la película. Como necesitaban trajes espaciales, se los fabricaron ellos mismos a partir de ropa de montaña y papel de aluminio.

—¿Y para los cascos de astronautas qué utilizamos?

—¡Peceras redondas! —dijo enseguida Luchi.

Ella tenía una en su habitación. Su pez se llamaba Cleo, era negro y de ojos saltones. Su hermana Ana tenía otra también redonda para su pez naranja, que se llamaba Bubble. Los habían intentado juntar, pero se peleaban todo el rato. Así que habían decidido separarlos y cada una cuidaba del suyo con mucha dedicación.

—¿Cómo cogemos las peceras sin que se entere mi hermana? —preguntó Luchi con cierta preocupación.

—Yo creo que podríamos contarle nuestro plan. Podría ser la coordinadora de la operación desde «el laboratorio», como Houston en la misión *Apolo XIII*. Necesitamos a alguien aquí.

Así que fueron corriendo a la habitación de Ana para contarle el plan. Ella se emocionó. Aunque no le gustaban mucho los cachivaches con los que siempre jugaba su hermana, era una aventurera de libro y no se perdía una.

—¡Pues claro que me uno a vosotros! ¿Dónde está mi traje de astronauta? —dijo atusándose el pelo.

—No, Ana, tú tienes que quedarte aquí —explicó Ángel—, eres nuestra base en la Tierra y te la tienes que agenciar para que no se entere nadie de nuestro plan.

Ana no estaba convencida, ahora que le habían contado la idea, estaba empeñada en ir y hacer un reportaje sobre la vida extraterrestre. Ella era la periodista oficial de la revista del instituto y no quería dejar pasar semejante exclusiva.

Pero aquí Luchi lo tenía claro y fue tajante:

—Necesitamos a alguien aquí abajo, nos tienes que encubrir y ser nuestro Houston.

Ana no entendía por qué tanto misterio ni quién era ese tal «Houston». Pero su hermana y Ángel se encargaron de ponerla al día sobre la carrera espacial. Y después de ver tres veces la película de *Apolo XIII*, quedó más contenta con la idea.

Lo que le acabó de convencer fue que Luchi le dijo que podría hacerse un chaleco, igual que el que llevaba el coordinador de la misión en la película. El suyo, por supuesto, sería rosa con pegatinas. Al final lideraría la misión desde abajo, coordinando todas las actividades. Y ella encantada, ¡con lo que le gustaba liderar!

Así que se pusieron los tres manos a la obra. Lo primero, era terminar los trajes de astronautas. De hecho, habían recurrido a Ana para hacerse con las dos peceras de la casa que serían sus cascos. Sustituyeron las peceras redondas por unas cuadradas e hicieron el cambiazo. Las limpiaron a fondo y se probaron los trajes de astronauta. Cuando Ana los vio se llevó las manos a la cabeza:

—A esto le falta mucho estilo. Si vais a ir a la luna, por lo menos hacedlo con clase —dijo—. Esperadme aquí que ahora vuelvo.

Se fue corriendo a su habitación y empezó a dibujar bocetos y bocetos hasta que por fin gritó con alegría:

—¡Lo tengo!

El traje diseñado por Ana la verdad es que era espectacular. Parecía salido de las películas de ciencia ficción. El papel de aluminio era la base y le daba un toque futurista. Además, le había añadido un cinturón y unos cuantos bolsillos, algunos de ellos secretos. El último toque lo otorgaban unas pegatinas con sus nombres. ¡Era perfecto!

CAPÍTULO 4

COMIENZA LA AVENTURA

Con los trajes ya preparados, lo siguiente era ver cómo iban a llegar hasta la base espacial. Lo único que sabían era que estaba en el sur de España. Pero como Internet lo sabe todo, le preguntaron. Y enseguida les salió una referencia a un Centro de Experimentación en el sur de España, muy cerquita de Mazagón, en la provincia de Huelva. Se llamaba el CEDEA.

—¡Pero si yo he ido ahí a la playa el año pasado! —gritó emocionada Luchi cuando lo vio en el mapa.

Siguieron leyendo y vieron que era un centro de investigación dedicado a las energías renovables. Allí también hacían vehículos no tripulados y además era base de lanzamiento de cohetes.

—Está claro, tenemos que ir a Mazagón —terció Ángel—. No hay muchas más opciones aquí en España.

Luchi estaba encantada, era el lugar de vacaciones de la familia. Así que se sabía el camino de memoria.

—Pero ¿cómo lo hacemos? No podemos desaparecer así sin más como por arte de magia —preguntó Luchi—. Como mínimo será una semana.

—Pero ¿no te acuerdas, Luchi?, papá y mamá justo se van de viaje y yo soy tu canguro —dijo Ana con una sonrisa maliciosa. Era como si se hubiesen alineado todos los astros. Y es que, aunque ellos todavía no lo sabían, allí afuera había unos seres coordinándolo todo.

El resto del día lo pasaron preparando todo el material necesario para una misión secreta como aquella. Luchi había oído decir a su padre que «en ingeniería había que prepararse para los posibles fallos, incluso para varios a la vez». Por lo que no paraba de repasar en su mente todo lo que podía fallar y plantear posibles soluciones. Cada vez metía más cosas en su mochila por si las moscas…

Por la noche cenaron todos juntos como si tal cosa y al día siguiente muy temprano se dirigieron hasta la estación, justo al lado de casa. Comenzaban su gran aventura con un viaje en tren. Luchi ya era conocida entre los revisores porque nunca estaba quieta y no paraba de gastarles bromas. Por lo que cuando la vieron aparecer con su mejor amigo a nadie le sorprendió.

Esta vez Luchi se comportó, pues no quería llamar la atención, y para que el viaje no se le hiciese interminable se durmió y se puso a soñar. Luchi tenía unos sueños de los más imaginativos. En este caso ella viajaba a lomos de un gran dragón rojo e iba saludando a las nubes, las cuales adoptaban distintas formas a su paso, desde unicornios hasta castillos. Así que casi fue como teletransportarse mágicamente hasta Mazagón.

Ya que estaban al lado de la playa, no quisieron desaprovechar la oportunidad de hacer un avión de arena y coger un par de olas sin necesidad de tabla de *surf* pues no había nada que les gustase más en el mundo. Cuando ya no podían más con su cuerpo, salieron del agua e inspeccionaron el terreno. Otra vez más estaban de suerte. Habían encontrado una cueva perfecta, parecía que estaba creada justo para ellos. Tenía el espacio justo para poner su tienda de campaña y una piedra enorme delante para ocultarla de ojos indiscretos.

CAPÍTULO 5

UNA LLAVE ESPECIAL

Al día siguiente tenían previsto acercarse al CEDEA para conseguir más información. Habían averiguado que había unas jornadas divulgativas así que se colarían en ellas como *ninjas*, ocultos entre las sombras.

Por fin amaneció. Los dos amigos estaban muy nerviosos. Si les descubrían, su aventura se acabaría antes de empezar. Cogieron solo lo imprescindible y lo demás lo dejaron en la tienda de campaña.

Ya en el CEDEA, ocultos sin que nadie los viese, escucharon una charla sobre drones, y aunque no se enteraban de todo estaban alucinando con las cosas que podían hacer estos pequeños robots voladores, pero tenían que continuar. Por lo que prosiguieron como auténticos *ninjas* salidos de Japón inspeccionando las distintas salas y laboratorios, esta vez de verdad. De repente vieron a una persona trajeada, se miraron y le siguieron.

El pasillo era interminable. Parecía que no acababa nunca. Tenían que mantener mucha distancia ya que si no, les pillarían. Pero de pronto, la persona trajeada desapareció. A simple vista no había puerta, pero después de mucho inspeccionar se dieron cuenta de que había una pequeña cámara. Estaba a la altura de los ojos de un adulto. Estaba claro, la puerta secreta no se podría abrir sin más, tenía un sistema de seguridad de primer nivel: solo se abría con el iris del ojo de la persona autorizada. Así que tendrían que pensar qué hacer.

Salieron de nuevo en dirección a su escondrijo de la playa. Tenían que reunir información para ver cómo activar la puerta secreta. Llegaron a la tienda de campaña y sacaron el ordenador que habían dejado escondido. Ángel, como era previsor, se había llevado una batería recargable. Además, tenía unos pequeños paneles solares, por lo que tenían bastante autonomía de momento.

Si querían entrar en la sala misteriosa, tenían que replicar el iris de la persona trajeada que habían visto desaparecer tras la pared. Para ello necesitarían una foto. Luego, crearían una lentilla especial que fuese igual que el iris de la foto.

A Luchi siempre le había apasionado la impresión 3D y conocía una tiendecita en Mazagón que se dedicaba a imprimir lo que fuese. Parecía mentira todas las cosas que se podían crear con esa técnica. Recientemente había escuchado en las noticias que se podía imprimir comida y hasta órganos para hacer trasplantes. Era una técnica nueva que parecía no tener límites. Ellos solo necesitaban crear una lentilla.

Al día siguiente se colaron de nuevo en las jornadas. Esta vez hablaban de las energías renovables. Luchi siempre miraba con asombro los grandes molinos de viento que se veían desde la carretera, siempre le habían fascinado, pero ahora tenían otra misión entre manos. Estaban de suerte porque el hombre que habían visto el día anterior era el que daba la charla. Ángel, que nunca iba a un sitio importante sin su cámara, enfocó al ojo con todo el *zoom* posible y … «clic».

La foto era perfecta. Se veía el ojo con todo lujo de detalles. Con ella fueron en busca de la tienda de impresión 3D. Eso sí, antes pasaron por la óptica para comprar unas lentillas, y así tener el material base.

Cuando se asomaron a la tienda de impresiones 3D, parecía cerrada porque estaba todo muy oscuro. Ya se iban a dar la vuelta, cuando de pronto apareció un hombre con una camiseta de planetas que les preguntó qué querían. Ellos le explicaron que estaban haciendo un proyecto para su clase de ciencias y que tenían que replicar un ojo humano. Le contaron que tenían lentillas para utilizar como material y una foto para el ojo que querían replicar.

El hombre puso una cara de asombro, nadie le había hecho una petición tan rocambolesca. Sin embargo, tenía muy pocos encargos y a él le gustaba utilizar su impresora, fuera para lo que fuese. Así que, sin más, se metió dentro y se puso a imprimir. En menos de media hora salió con la lentilla impresa. ¡Su plan estaba saliendo casi a la perfección!

CAPÍTULO 6

EL SECRETO TRAS LA PUERTA

Al día siguiente volvieron a las jornadas, ya era el último día, así que era su última oportunidad para colarse por la puerta secreta. Como el resto de los días, empezaron las charlas y a mitad de una, se escabulleron. Esta vez ya sabían el camino, así que fueron directos. Llegaron al sitio indicado y Luchi se subió en los hombros de Ángel para poder llegar a la altura indicada. Se colocó la lentilla y, como por arte de magia, apareció una puerta de la nada que se abrió sin problemas.

Pasaron corriendo y se escondieron detrás de unas cajas. La sala estaba plagada de ordenadores. Era un auténtico centro de control. En las pantallas se veía un cohete. Parecía que los dos amigos estaban de suerte. Pero entonces, oyeron las voces de dos ingenieros.

—Oye, ¿no se ha abierto la puerta? —dijo uno de ellos.

Los dos amigos aguantaron la respiración.

—Habrá sido el señor Kruger —respondió otro de los ingenieros—, últimamente está de los nervios y no deja de fisgonear. La verdad es que me pone muy nervioso, es como si no se fiase de que sepamos hacer nuestro trabajo. Se cree muy listo porque es el astronauta líder de la misión.

Angel y Luchi se miraron y volvieron a respirar. Ese señor Kruger era el hombre trajeado y, por lo que decían los ingenieros, sin duda era una persona importante en el proyecto. Los ingenieros siguieron hablando hasta que, de repente, se encendieron unas luces rojas. En ese momento, en la pantalla de los ordenadores apareció un reloj enorme. Empezaba la cuenta atrás. Quedaba menos de un día para que el cohete despegase y ya sabían que el señor Kruger era el astronauta encargado de tripularlo.

Menos mal que habían sido precavidos y se habían llevado sus trajes de astronautas. Sin embargo, estaban en el centro de control, ahora tenían que encontrar el cohete. Así que se escondieron de nuevo y con un móvil llamaron a Ana.

—Ana, hemos llegado a la sala de control y mañana despegamos. ¡Ha empezado la cuenta atrás! —le dijo Luchi.

Ana no salía de su asombro. Aunque se había apuntado desde el minuto uno a esta aventura, era un poco escéptica.

—Empieza la misión, Ana —le dijo Luchi sacándola de sus pensamientos—. Tenemos que pensar en un nombre, que esto va en serio. ¿Qué os parece «Misión Infiniti»?

—Me encanta —dijo Ana.

—Necesitamos que a partir de ahora estés con el teléfono encendido las veinticuatro horas —explicó Luchi a su hermana—. Luego perderemos conexión, pero si no sale nada en las noticias es que todo va perfecto.

—Muy bien, voy a ponerme el chaleco y voy haciendo la crónica. ¿Cuánto marca ahora el reloj?

—23 horas, 30 minutos y 20 segundos.

—Pues nada, corto y cambio, y a meterse en ese cohete.

Cortaron la conexión y fijaron de nuevo su atención en las pantallas. Tenían que encontrar una pista. De pronto, en una de las pantallas apareció la imagen del señor Kruger ya vestido de astronauta. Estaban de suerte, pero ¿cómo podían llegar hasta él?

—Mira, ahí hay unas cajas grandes con material y pone la palabra «misión» —dijo Ángel después de inspeccionar toda la sala—. Si nos escondemos dentro de la que está encima de ese carrito, seguro que llegamos hasta el señor Kruger.

Eso hicieron y estuvieron así casi una hora. Luchi se impacientaba y casi salió del escondite aburrida, pero de repente apareció un hombre enfundado en un traje blanco como si fuese a entrar en el quirófano. Cogió el carrito donde estaba la caja en la que estaban escondidos. No les pilló de puro milagro. Ellos aguantaron la respiración hasta que el hombre comenzó a andar empujando el carrito con ellos dentro.

CAPÍTULO 7

UN BILLETE A LA LUNA, POR FAVOR

—Este recorrido es muchísimo más largo que el que hemos visto en pantalla —susurró Ángel a su amiga—. Aquí hay algo que no marcha bien.

—Bueno, vamos a esperar y a ver dónde aparecemos —dijo Luchi.

Ahora que estaban moviéndose no podían salir. Su mejor opción era esperar y ver dónde aparecían. Desde su escondite no podían ver nada, solo sentían el movimiento del carrito. De repente empezaron a escuchar voces. Luchi se asomó como pudo y empezó a ver a personas vestidas con monos blancos y con mascarilla.

—Ni que nos fueran a hacer una operación de apendicitis —comentó Ángel, poniendo los ojos en blanco.

Entonces subieron a una especie de ascensor con otras cuatro personas vestidas de blanco de pies a cabeza.

Después de un tiempo que les pareció interminable, se pararon en seco y empezó un murmullo de voces. Cuando todo quedó en silencio, esperaron un rato más y salieron. Al principio pensaron que estaban en unos almacenes, en algún edificio auxiliar. Sin embargo, enseguida vieron que no era una habitación al uso, el techo no se veía y todo estaba lleno de cables. ¡Estaban en el cohete!

—Nos tenemos que preparar —dijo Luchi, con un deje de nerviosismo en su voz.

Sacaron sus trajes de astronautas y se cambiaron. Ahora ya sí que estaban listos. Se hicieron la foto de rigor para inmortalizar el momento y se la enviaron a Ana. Parecían dos profesionales con sus trajes de diseño y cómo no, con sus cascos peceras.

Ana les llamó enseguida:

—Oye, ¿pero esto va en serio? —les preguntó algo asustada.

—Pues claro —replicó Luchi llena de orgullo—, ¿es que no nos creías?

Ana sabía que su hermana era capaz de todo. Cuando una idea se le metía entre ceja y ceja no había quien la parase. Pero esto iba más allá de lo imaginable. No obstante, una vez repuesta del susto, Ana les dijo:

—Envía muchas fotos, este va a ser el mejor número de la revista del instituto de todos los tiempos.

Luchi y Ángel le explicaron todos los detalles que habían conseguido recabar de la «misión Artemis», la misión oficial en la que se habían colado de polizones. El nombre no era muy original, pues se trataba de la hermana de «Apolo». El nombre de las misiones que consiguieron llevar al hombre a la Luna. Su objetivo era volver a alunizar e inspeccionar su composición. Si todo iba bien volverían en tres días.

—Por la Tierra todo marcha como la seda, todo el mundo cree que soy la mejor canguro del mundo —les informó Ana encantada con que su plan estuviera funcionando—. Corto y cambio.

Ahora, el siguiente objetivo era llegar hasta la cabina. Enseguida la encontraron y vieron cómo el señor Kruger manejaba un sinfín de pantallas. Además, no paraban de escucharse las órdenes que se enviaban desde la sala de control. Así que Luchi y Ángel se quedaron escondidos a esperar.

CAPÍTULO 8

EL SEÑOR KRUGER Y SU SECRETO

Tras un tiempo que se les antojó interminable, la cosa se animó y en la pantalla más grande se activó la cuenta atrás. ¡Quedaba solo un minuto! Ese era su momento. Salieron de su escondite y se sentaron en los asientos de atrás, como quien no quiere la cosa. El señor Kruger estaba tan absorto en las instrucciones que ni se dio cuenta de que tenía dos polizones en la fila de atrás. La nueva generación de cohetes nada tenía que ver con aquellos primeros en los que iban como sardinas en lata, ahora tenían espacio de sobra para varios tripulantes distribuidos en varias filas.

De repente todo se puso en marcha y los niños escucharon una cuenta atrás:

—9, 8, 7, 6, 5, 4, 3, 2, 1…

Se oyó un estruendo enorme y luego como si fuera la montaña rusa más rápida del mundo empezaron a acelerar. Subían y subían, y antes de darse cuenta sus cuerpos flotaban ligeramente en las sillas, solo retenidos por el cinturón de seguridad. ¡Estaban en el espacio! En ese momento el señor Kruger se desabrochó el cinturón y se llevó el susto de su vida:

—Pero qué hacéis aquí —dijo Kruger con los ojos como platos y la cara completamente roja. Parecía que de un momento a otro iba a explotar—. ¿Cómo os habéis colado?, ¿cómo se os ocurre?, ¿y vuestros padres?, ¿acaso pensáis que vais a pisar la Luna? —Y así un sinfín de preguntas durante al menos diez minutos.

Luchi y Ángel agacharon la cabeza un poco avergonzados pues en su interior sabían que era una locura. No obstante, Luchi se armó de valor y le dijo:

—Hemos montado un sistema de comunicación y recibido una señal de peligro que venía desde la Luna. Así que hemos decidido ayudar en lo que podamos.

Entonces Kruger, todavía más rojo, si es que aquello era posible, comenzó a bombardearlos con más preguntas:

—¿Qué os creéis?, ¿que no lo sabemos?, ¿no se os ha ocurrido preguntar si estamos recibiendo la misma señal y que vamos en busca de su procedencia? —Algo ya más tranquilo les dijo—: Ese es el objetivo de la misión Artemis.

Entonces Ángel dijo indignado:

—¡Pero nos hemos estudiado la misión y no decían nada de eso! Solo hablaban de volver a la Luna y de inspeccionar su composición.

—Pues claro —se quejó Kruger—, qué pensáis, ¿qué vamos a anunciar que andamos detrás de extraterrestres? Nos tomarían por locos, ¡eso no se anuncia!

Lo que tampoco habían anunciado era la misión secundaria de Kruger. Pues él ya tenía claro que en la Luna había regolito. Este era un material que escaseaba en la Tierra y por tanto el precio subía como la espuma. Así que tenía claro que iba a extraer una buena cantidad antes de que fuese oficial.

—Bueno, ya estáis aquí y no voy a cancelar la misión —dijo con hastío Kruger—, así que rumbo a la Luna. Pero os quiero más quietos que las momias de Egipto. Si os movéis lo más mínimo, abro la escotilla y os dejo flotando en el espacio —lo dijo con un tono helador, por lo que Luchi y Ángel supieron que no dudaría en hacerlo.

Pero Kruger seguía dando vueltas a la cabeza y pensaba con horror que sería el hazmerreír de la comunidad científica si la noticia trascendía.

La única que sabía dónde estaban Luchi y Ángel, aparte de Kruger, era Ana. Ella era la única componente de la sala de control secundaria que tenían en su casa. Luchi había instalado unos dispositivos de geolocalización en los trajes. Así que Ana iba siguiendo en todo momento cada paso. Y aunque los teléfonos no funcionaban, porque ya no tenían cobertura, seguían disponiendo del sistema de comunicación.

Para estar tan lejos, Luchi y Angel pensaron que no habían tardado nada en llegar a la Luna. Pero lo que más les impresionó fue ver la Tierra desde el espacio. Ya habían visto fotos, millones de ellas, de hecho. Pero es que hay cosas que una simple foto no consigue reflejar.

De repente Kruger anunció:

—Preparaos, vamos a alunizar. Acordaos de las momias de Egipto, que si no, os echo por la escotilla y ahí os quedáis dando vueltas de por vida por el espacio. —Y soltó una carcajada malévola.

Cada vez les gustaba menos aquel señor Kruger, no les parecía de fiar. Por ahora era sólo una intuición. Ojalá se equivocasen.

A Luchi le dio la sensación de que el cohete se posó como si fuese una mariposa. Le fastidiaba reconocerlo, pero Kruger había demostrado ser un gran piloto.

CAPÍTULO 9

UN ALUNIZAJE ALUCINANTE

Los dos amigos se pusieron en pie listos para salir, pero Kruger les cerró el paso:

—No pensareis que os voy a dejar salir, ¿verdad? ¿Me habéis tomado por tonto? —Y sin esperar ningún tipo de respuesta, los maniató al asiento y se fue.

Ahí dejó a Luchi y Ángel con la boca abierta como si fuera un buzón de correos. Pero ellos no habían llegado tan lejos para ahora quedarse a las puertas de la gloria. Sacaron todas las fuerzas posibles y tras mucho luchar con las cuerdas consiguieron desatarse.

Avisaron a Ana por el sistema de comunicación y enviaron su primer mensaje de manera telegráfica:

—Estamos en la Luna. *Stop*. Posibles formas de vida extraterrestre. *Stop*. Sabían que podía haber alienígenas. *Stop*. Todavía no encontrados. Corto y cambio.

Ana, desde la Tierra, estaba completamente alucinada y empezó a chillar ella sola:

—¡Lo han conseguido! ¡Lo han conseguido!…

Ella era una periodista nata. ¿Cómo se podía callar algo así? Esta noticia bien valía un Pulitzer (el mejor premio que se podía recibir en su profesión soñada). Se moría de ganas de gritarlo a los cuatro vientos. Pero nadie era más leal que ella, así que se quitó el gusanillo haciendo una rueda de prensa imaginaria en su habitación ante todos los personajes de sus pósteres favoritos que se amontonaban en las paredes.

Luchi y Ángel, ya liberados de sus ataduras, consiguieron abrir la pesada puerta de la nave y salieron al espacio. Era una sensación brutal. Igual que desde la Tierra se veía la Luna. Desde la Luna se veía la Tierra. Y la vista no podía ser más espectacular. Dieron un pequeño paso e imitaron a Neil Armstrong, el primer astronauta que pisó la Luna.

—Este es un pequeño paso para el hombre, pero un gran paso para la humanidad —dijo Ángel imitándolo, poniendo una voz profunda.

Tan absortos estaban que ni se dieron cuenta. Pero desde detrás de unas rocas, les estaban observando unas extrañas criaturas. Eran los auranos. La colonia que vivía en la Luna desde tiempos inmemoriales. Ellos eran los que habían enviado el mensaje de peligro. Y no porque hubiese un meteorito como pensaba Ángel, sino porque veían las señales que llegaban desde la Tierra y estaban alarmados. Los terrícolas se estaban cargando su propio planeta, ¿es que no lo veían?, ¿tan tonta era esa especie?

Así que habían empezado a enviar mensajes, pero parecían que no los escuchaban y si lo hacían desde luego no eran las personas adecuadas. Se habían fijado en Luchi y Ángel y desde entonces habían estado maquinando desde arriba para facilitarles el plan como fuese. Y es que los auranos tenían un sexto sentido. Eran capaces de captar las verdaderas intenciones de las personas y de cualquier ser vivo. Como de si de un aura se tratara veían colores alrededor de ellos. De ahí provenía su nombre: auranos.

Se quedaron alarmados cuando vieron salir a un único astronauta. ¡Su aura era de un gris apagado como nubarrones de tormenta! Eso les había disparado las alarmas. De hecho, un destacamento aurano se había ido detrás de él para vigilarlo. A una persona así no la podían dejar suelta por la Luna y menos que se enterase de su existencia.

Sin embargo, ahí habían dejado de vigía a Ikui, uno de los auranos más jóvenes. Él se quedó maravillado cuando vio aparecer a Luchi y Ángel, pues veía en ellos un aura como el arcoíris, eran unos seres sin maldad. Y es que debía de ser que, en esa especie tan rara, cuanto más grandes eran, más retorcidos se volvían.

CAPÍTULO 10

IKUI, UN AURANO MUY ESPECIAL

Ikui, al ver el aura de los niños, se comunicó vía telemática con el jefe de su tribu. Los auranos eran unos expertos en la comunicación. Eran capaces de interpretar las miles de señales y lenguajes que había en la galaxia. Ellos mezclaban palabras de todos los lenguajes, pero cuando de verdad necesitaban comunicar algo importante lo hacían telemáticamente.

Así que, sin más, habían montado el consejo telemático más importante en la historia de los auranos. Donde decidieron por unanimidad que se aproximarían a esos pequeños seres. Y además eligieron a Ikui para cumplir ese cometido y guiarlos hasta Auralis, la ciudad secreta de los auranos, la cual se encontraba en la cara oculta de la Luna y estaba protegida con múltiples sistemas de seguridad, entre ellos una capa invisible y detector de auras. De manera que nadie que fuese con malas intenciones pudiera ni tan siquiera ver la ciudad.

Ikui se armó de valor, se hizo visible y adoptó una forma de aurano estándar, ya hablaremos de eso más adelante.

—Hola —dijo Ikui.

Luchi y Ángel se sobresaltaron. Ni en el mejor de sus sueños habían imaginado que su primer encuentro con los extraterrestres sería a los quince minutos de alunizar.

—Hola, somos Luchi y Ángel. Venimos de la Tierra, ¿cómo te llamas? —dijo de carrerilla Luchi.

—Yo soy Ikui, un aurano y me gustaría que conocieseis nuestra ciudad Auralis —contestó Ikui cada vez con más confianza.

—¡Eso es genial! —saltó Ángel enseguida—. ¿Y cómo vamos hasta ella?

Ikui, a su pregunta, únicamente dijo:

—Confiad en mí.

Entonces se puso entre ellos y cogió a Luchi y a Ángel de la mano. En ese mismo instante vieron cómo se generaba un túnel de luz que se movía a una velocidad vertiginosa. Ellos, sin embargo, se sintieron flotar. Sin duda, este era el viaje más relajado que habían hecho, y más después de las aceleraciones que habían experimentado en el cohete.

Ángel no pudo evitar soltar un comentario, acababan de viajar por el hiperespacio.

—¡Los auranos tienen el motor de curvatura! ¡Es posible!

Y así como si nada, atravesaron la Luna hasta la cara oculta.

—Ya hemos llegado —anunció Ikui con una sonrisa resplandeciente.

—¿Qué ha sido eso? —preguntó Luchi, que honestamente no sabía muy bien lo que había pasado.

—Habéis viajado más rápido que la luz con mi ayuda —les explicó con paciencia Ikui, tal y como hubiese hecho un profesor. Y prosiguió—: Los auranos estamos hechos de luz de estrellas, esto nos permite viajar a su velocidad y hasta un poco más rápido, con algo más de ayuda. Además, podemos reflejar la luz que más nos guste. De hecho, si queremos, podemos guardar toda nuestra luz en nuestro interior haciéndonos totalmente invisibles. ¡Tiene muchas ventajas!

—¡Anda!, pues algo tenemos en común —dijo Luchi—. Yo he oído decir muchas veces que los humanos somos polvo de estrellas. No sé si es verdad, pero me parecía una idea muy poética. Eso sí, lo de la invisibilidad ya nos gustaría…

—Sí, todos los seres del universo venimos y estamos unidos a las estrellas. Todo se lo debemos a ellas. A vosotros, los humanos, os hemos estudiado en detalle y estáis principalmente constituidos por polvo de estrellas. De hecho, más de un 97 %, ¿no os parece maravilloso?

—¡Desde luego! —contestaron Luchi y Ángel al unísono. Aunque Ángel se quedó pensando que le hubiese gustado eso de poder hacerse invisible y viajar a la velocidad de la luz.

—Y ahora, daos la vuelta —les ordenó Ikui.

CAPÍTULO 11

EL VALOR DE LO DIFERENTE

Luchi y Ángel tenían los ojos como platos. Habían imaginado cientos de veces cómo sería una posible civilización en la Luna. Ambos creían que se encontrarían una ciudad gris compuesta por submódulos circulares unidos por túneles, como si se tratase de una gran red. Creían que allí los robots irían de un lado para otro y que todo estaría lleno de cables y máquinas. Casi como si se tratase de una fábrica.

Sin embargo, nada distaba más de la realidad. Auralis era una ciudad rebosante de color. Y es que, como les había explicado Ikui, los auranos podían reflejar la luz que quisiesen, por lo que cada uno adoptaba los colores y formas que más les gustaba. Se veían reflejos de todos los colores: azules, rojos, verdes amarillos, morados... Y no había un solo aurano igual que otro. Sus formas eran de lo más diversas. Los había con uno, dos, o tres ojos. Con varios tentáculos, como si fuesen pulpos, con antenas o alas, e incluso con una forma similar a los humanos (dos brazos y dos piernas). La variedad de formas era infinita porque los auranos eran una sociedad de lo más diversa y no se discriminaba a nadie, ni por su forma, ni por su color. Lo único que se juzgaba eran las acciones.

Tanto Luchi como Ángel estaban absortos intentando memorizar cada imagen. De pronto, vieron a uno parecido a Ikui.

—Anda, si ese se parece a ti —le dijo Luchi, encantada por haber encontrado dos auranos iguales.

—Sí —le contestó Ikui—, esa es nuestra forma estándar, debe ir en una misión oficial. Al principio de los tiempos hicimos una gran votación y acordamos que cada uno adoptaría el color y forma que quisiese, y es que adoramos la diferencia. Pero como muchas veces esta es incomprendida, y cuando íbamos al consejo del universo no nos reconocían, decidimos adoptar una forma estándar de cara al mundo exterior. Por un estrecho margen ganó el color azul claro, tres ojos, dos antenas y una forma similar a la vuestra. No obstante, a mí me gusta mucho más esta.

De pronto se vio una explosión de color y conocieron al auténtico Ikui. Tenía forma redonda con diminutas antenas por todo su cuerpo, y dos ojos enormes que sobresalían. Lo más curioso es que iba cambiando de color, pues todos le gustaban, así que no quería decidirse por ninguno.

—¡Me encanta! —dijo Luchi emocionada—. Eres el más original. ¿Podrías hacer lo mismo con nosotros? Me encantaría cambiar mi forma y el color de mi pelo —preguntó Luchi con auténtico deseo.

—¡Qué buena idea! ¡Así pasaréis desapercibidos por Auralis! No lo he intentado nunca —dijo Ikui pensativo—, pero podemos probarlo. La forma no va a ser posible porque sois polvo de estrellas y no podéis cambiar de composición, pero con el color puedo hacer alguna triquiñuela. Vosotros pensad muy fuerte en el color que más os gustaría y veremos…

Luchi y Ángel lo tenían claro. Estaban tan concentrados que parecía que iba a salir humo de su cabeza. Y de pronto Ikui anunció:

—¡Ya está!

Luchi ahora sí que parecía un duendecillo irlandés. Era todo un muestrario de tonos verdosos. Hasta su pelo se había vuelto verde fosforito. Ángel, por su lado, había tomado tonos rojos y su pelo parecía como si estuviera en llamas.

—¡Me encanta! —gritaron los dos al unísono.

CAPÍTULO 12

UNA CIUDAD INCREÍBLE

—Bueno, todavía no habéis visto nada, os tengo que enseñar Auralis. Vamos por aquí —les indicó Ikui.

Entonces Luchi y Ángel tuvieron una sensación extraña, era como si el tiempo se ralentizara y atravesaran algo invisible.

—¿Qué ha sido eso? —preguntó Ángel.

—Es nuestro sistema de detección de auras.

Entonces Ikui les explicó cómo veían ellos a cada ser y cómo se protegían de aquellos que venían con malas intenciones. A Luchi y Ángel simplemente les pareció genial.

Después de andar un rato por fin llegaron al epicentro y su sorpresa fue mayúscula. Era una ciudad totalmente integrada en el entorno, el cual no podía ser más espectacular. En el centro se vislumbraba un edificio que parecía flotar sobre el resto en forma de medialuna.

—Me encanta ese edificio —señaló Luchi.

—Es el más especial —le comentó Ikui—. Nos indica cómo nos ven desde la Tierra. Va cambiando. Ahora lo vemos como una luna creciente, pero también lo veréis como si fuese una luna llena o puede incluso desaparece. Cuando pasa eso, celebramos el gran festival lunar. ¡Eso sí que son fiestas!

Alrededor de la Luna cambiante había unos edificios imposibles en forma de pirámide invertida, pero con formas mucho más suavizadas. Todo alrededor estaba lleno de lo que parecía vegetación. Era una especie de enredadera azul que casi cubría por completo los edificios. Luchi y Ángel creyeron también distinguir árboles y hierba, pero eso era imposible.

—Ikui, ¿qué es toda esta vegetación? Se parece a los bosques de la Tierra y las enredaderas alrededor de los edificios, con ese azul tan intenso, son como las olas del océano.

Entonces Ikui les dijo:

—Esta es la cara oculta de la Luna y no se ve la Tierra, pero es una imagen que no se olvida. Vosotros vivís en un planeta maravilloso lleno de recursos y de especies diversas. Aquí en Auralis veréis recreaciones de ecosistemas de todos los planetas, pero sin duda nuestro favorito es el vuestro. —Y prosiguió—: Las enredaderas que dices, en realidad son luneras. Una especie autóctona que solo encontraréis aquí. Son unos seres encantadores que además nos proporcionan energía.

Los auranos y las luneras tenían una relación simbiótica (eran inseparables), porque las luneras les proporcionaban la energía que necesitaban. Estos recibían dicha energía como si fuera el mayor tesoro del universo y por eso mimaban mucho a las luneras, «regándolas» con su luz siempre que pasaban cerca de una.

—Eso sí —prosiguió Ikui—, si ven que malgastas su energía se enfadan muchísimo.

—¿Y qué hacen? —preguntó Ángel con interés.

—Pues se ponen a cantar a todo trapo las canciones más horrendas y pegadizas del universo y luego no te las puedes quitar de la cabeza en años. Así se te quitan las ganas de desperdiciar la energía. Están tan comprometidas con no malgastar, que las verás colarse en los edificios apagando luces en cuanto creen que te marchas de habitación. Incluso una vez intentaron apagarme a mí sin darse cuenta. Por otro lado, los árboles los hemos traído desde la Tierra en una misión especial. Teníamos que protegerlos de una posible extinción.

—¿Extinción? —preguntaron los dos amigos sorprendidos.

—Por eso recibimos la llamada de peligro. Va a caer un meteorito en la Tierra y nos vamos a extinguir como pasó con los dinosaurios, ¿verdad? —se aventuró Ángel.

—No hay ningún meteorito —respondió Ikui. La amenaza en este caso no viene de fuera, sino que sois vosotros mismos. Hasta ahora parecía que las señales de peligro que enviábamos no llegaban a los humanos adecuados. Pero ahora estáis vosotros —dijo esperanzado Ikui.

Luchi y Ángel estaban en *shock*. Por un lado, su sistema de comunicación ¡había funcionado! Sin embargo, ellos habían acudido a la llamada esperando destruir un meteorito o una amenaza alienígena y así volver a la Tierra como auténticos superhéroes. Nunca imaginaron que ellos fueran el mayor peligro para su planeta. En el cole les habían explicado el cambio climático y cómo se desaprovechaba la energía, ¡pero si hasta se pasaba frío en verano con los aires acondicionados! No obstante, nunca se pararon a pensar en ello. Al fin y al cabo, siempre habían vivido así.

—¿Qué podemos hacer nosotros? —preguntó Ángel.

—De momento, esta tarde vais a conocer al gran Kakuro —les anunció Ikui—. Él es nuestro gran jefe y ya veréis que es muy especial. Pues es capaz de ver el futuro a miles de millones de años. Muy pocos auranos tienen esa habilidad. Él seguro que os podrá dar las claves para poder revertir el futuro que hoy en día estamos viendo que podría pasar.

Luchi y Ángel se quedaron muy callados. Vaya responsabilidad.

—Pero bueno, antes os tengo que enseñar algo muy especial —les dijo Ikui sacándoles así de sus pensamientos negativos—. Os queda mucho por descubrir. Seguidme.

CAPÍTULO 13

LAS MARAVILLAS DE AURALIS

Luchi y Ángel siguieron a Ikui, que les iba guiando a través de los edificios. Los niños no quitaban ojo, memorizando cada rincón. De repente, Luchi dio un traspié y cayó de bruces con tan mala suerte que la radio que llevaba en su traje para comunicarse con Ana quedó hecha añicos.

—¡Qué mala suerte! Y ahora, ¿cómo vamos a comunicarnos con Ana? —preguntó en alto Luchi totalmente desesperada. Y antes de esperar contestación prosiguió con sus preguntas como si fuese una metralleta—. ¿Dónde hay una papelera para tirarla? Y ¿dónde puedo comprar nuevos materiales? Sí o sí necesitamos una radio.

—Alto, alto —saltó de pronto como un resorte Ikui—. Aquí nada se tira, todo se arregla o transforma. ¿No os habéis fijado en el símbolo de esta ciudad?

Ángel y Luchi se miraron incrédulos, creían no haberse perdido detalle. Pero estaba claro que tan absortos estaban con los patinetes voladores que habían pasado por alto algún detalle importante. Luchi volvió a fijarse de nuevo, esta vez con una mirada renovada, y entonces los vio. ¡Había círculos por todos sitios!

—Es la forma más sagrada del universo, y la que nos enseñó a nosotros a vivir en armonía —contestó Ikui en modo profesor.

Luchi y Ángel pusieron cara de no entender nada. ¿Qué tenía de especial un círculo? Puestos a elegir, una estrella les parecía más original.

Ikui se dio cuenta de que no sabían de qué les hablaba así que les cogió para teletransportarse al mismísimo círculo primigenio. No había nada mejor como ver las cosas para entenderlas.

Como por arte de magia aparecieron en mitad de la nada ante un edificio de lo más singular. Era una especie de rueda que estaba en continuo movimiento. En el centro había una sala enorme con unos pocos objetos que parecían no funcionar. Las paredes de dicha sala eran transparentes para que así se viesen los objetos que contenía desde todas partes. Se acercaron a ella y dejaron ahí los trozos de su radio destrozada. Antes casi de dejarla en el suelo apareció un aurano gritando emocionado:

—¡Justo lo que necesito! —Y sin más, salió.

Desde luego la sala se parecía al metro en hora punta. Había un continuo ir y venir de auranos en busca de la pieza perdida. Esa que les faltaba para arreglar el objeto que tenían entre manos, el cual podía ser de lo más variopinto. Desde un autobús volador de varios pisos, hasta una lampara en forma de Luna.

Luchi, como si fuese una aurana más se puso a rebuscar también. Y no solo encontró todo lo que necesitaba, sino que pudo añadirle alguna mejora. Entonces salió y se metió en una sala vacía para montar su radio como ya había hecho antes. ¡Listo!

Cuando pareció que volvía la calma se encendieron unas luces rojas y los objetos desaparecieron por una trampilla y aparecieron unos nuevos.

—¿A dónde van esos objetos? —preguntó Ángel intrigado por lo que había debajo de la trampilla.

—Es la sala de la transformación —les indicó Ikui—. Os la enseñaré.

Bajaron unas escaleras y se quedaron maravillados. Vieron entrar unas botellas y salir una jarra con forma de león, o entrar un sofá y salir una decena de sillas haciendo el trenecito.

—Como veis, aquí en Auralis todo se transforma y no encontrareis ninguna basura —dijo ikui con orgullo—. Todo aquí se construye para que dure miles de años y no como hacéis en vuestro planeta. Hace poco descubrimos que en la Tierra programáis algunos objetos para su autodestrucción tras solo 4 o 5 vueltas de la Tierra alrededor del sol. ¿A quién se le ocurre? Además, cuando se rompen las cosas, estas se reparan y cuando no se pueden reparar se les da una segunda vida. ¡Ahí tenéis el círculo! El final puede ser el principio.

Después de la «clase» y con su radio nueva (versión 2.0) salieron del edificio en forma de rueda y se teletransportaron al mismísimo centro de Auralis. Ahora iban fijándose en los distintos objetos y jugaban a predecir sus vidas anteriores.

De repente, vieron una concentración de auranos.

Todos estaban chillando y animando. Ikui se puso contentísimo:

—No me acordaba, qué suerte hemos tenido. Nos acabamos de encontrar con la 3459 edición de la copa Lunsuf.

—¿Lunsuf? —saltaron Luchi y Ángel a la vez.

—Sí, es un deporte que se parece a vuestro *surf*, aunque tienen alguna que otra diferencia pues las luneras no se lo ponen fácil a nadie.

Entonces sonó la bocina y vieron a tres auranos que se tiraban desde lo alto del edificio con una especie de tablas algo más pequeñas que las de *surf*. Por ahora, Luchi y Ángel no veían ninguna diferencia con el deporte playero terrícola. Pero de pronto, vieron cómo las luneras cambiaban su forma y el aurano empezó a caer en picado. Cuando estaba a punto de ser descalificado consiguió encender los cohetes de su tabla y se enganchó a una segunda lunera.

—Por los pelos —coreó Ikui.

Pero ahí no quedó la cosa. La segunda lunera empezó a formar un túnel que cada vez se iba estrechando más sobre el aurano y finalmente lo acabó encerrando. Sonó una bocina e Ikui explicó:

—Le ha ganado la lunera, ya tenemos al primer descalificado.

El segundo aurano parecía tener más suerte, iba surfeando por las luneras anticipándose a todos sus cambios, era como ver una danza magistral.

—Ese es Kusuf, el campeón, y este año nadie le va a arrebatar la copa.

Toda la multitud estalló en vítores y coreaban su nombre. Y se oyó por megafonía: «¡Kusuf reedita su título!».

Desde luego había sido una experiencia de lo más

surrealista. Cuando estuvieran de vuelta en casa cogerían las olas del mar de otra manera.

CAPÍTULO 14

ENCUENTRO CON KAKURA

—Venga, sigamos —les animó Ikui—. Que con la «Lunsuf» se nos ha ido el tiempo y tenemos que llegar a la academia de las ciencias (el edificio lunar) enseguida, Kakura no es de los que les guste esperar.

Siguieron atravesando Auralis hasta que justo estuvieron debajo de la media luna.

—¿Y cómo llegamos hasta allí? Está flotando —se quejó Luchi.

—No os preocupéis por eso. —Ikui les cogió de la mano y como por arte de magia aparecieron dentro del edificio.

Si los edificios por fuera les habían impresionado, por dentro no se quedaban atrás. Eran espacios amplísimos con formas redondeadas imposibles. En el centro había una mesa redonda enorme. Y en el centro de esta, un altar donde había un aurano imponente. Era enorme, tenía ojos por todas partes y una boca muy grande. Su color era un azul intenso. Ikui les explicó que ese tono, más oscuro que el color estándar, correspondía a la sabiduría e integridad y estaba reservada a aquellos auranos capaces de vislumbrar el futuro.

—Entrad, no seáis tímidos —se oyó desde el centro de la sala.

Luchi y Ángel estaban temblando. Kakura siguió hablando con voz solemne:

—Tenéis el privilegio de ser los primeros humanos que entran en este sagrado edificio. Tenéis por delante una misión de vital importancia. Pero antes de llegar a ella me temo que tenemos otra más urgente aquí en la Luna.

Entonces aparecieron de la nada unas pantallas enormes y vieron al astronauta jefe en ellas.

—¡Kruger! —gritaron al unísono los dos.

Entonces Kakura les explicó:

—Una partida de auranos le ha seguido y han descubierto que trae consigo una cantidad ingente de explosivos. Su objetivo es volar un espacio natural en el que abunda el regolito. Por lo visto, ese material tiene mucho valor en la Tierra. Para nosotros es insignificante, ya que las luneras nos proporcionan la energía que necesitamos. Pero no estamos dispuestos a que destrocen así nuestra Luna. Vamos a impedirlo y para ello necesitamos vuestra ayuda. Cuando esto esté resuelto retomaremos la misión por el que os hicimos llamar. —Y así sin más, Kakura desapareció.

CAPÍTULO 15

MISIÓN: NEUTRALIZAR AL SEÑOR KRUGER

Ikui les cogió de la mano y de pronto aparecieron dentro de un cráter. Luchi y Ángel se miraron asustados. Ya no veían a Ikui por ningún lado. Pero entonces escucharon una voz.

—Estoy aquí, con todo el destacamento aurano. Pero no podemos hacernos visibles ya que nos podrían ver desde la Tierra. Tenéis que inhabilitar los explosivos y conseguir traer hasta aquí a Kruger.

Se dirigieron hacia las cajas de explosivos. Había un montón y además pesaban muchísimo. Tenían que abrir las cajas e ir cortando y destrozando las mechas. Por suerte el señor Kruger estaba inspeccionando la zona por lo que se había alejado de las cajas.

Ángel y Luchi se repartieron las cajas y con una paciencia infinita fueron una a una destrozando los explosivos y dejándolos inservibles. Tan ensimismados estaban en su tarea que no se dieron cuenta del peligro hasta que tuvieron al señor Kruger encima.

—¡Vosotros! —chilló el señor Kruger con tal fuerza que le debieron de oír hasta en la Tierra.

Entonces Luchi y Ángel echaron a correr como si no hubiera un mañana hacia el cráter. Casi habían llegado cuando Kruger agarró a Luchi.

—¡No te vas a escapar! Te voy a hacer desaparecer. —Y se la llevó de vuelta hacia la única caja que había quedado con explosivos y la ató a ella. Luego siguió con su exploración.

Ángel esperó a que desapareciera el señor Kruger y entonces fue a rescatar a su amiga. Sin embargo, cuando estaba a punto de desatarla, el señor Kruger apareció de la nada y le cogió por el cuello.

—¿Tú también quieres estallar por los aires? —preguntó el señor Kruger sin esperar respuesta—. No hay problema.

Ató a los dos con más fuerza si eso era posible y se fue de nuevo a explorar.

Luchi pensó más fuerte que nunca para intentar comunicarse con Ikui y decirles su situación. Este le contestó de manera telemática que no se podían acercar a los explosivos ya que al ser seres de luz y tener una gran energía interior podían hacer explotar la caja.

En ese momento Luchi se acordó de su hermana. Ella era la única persona además del señor Kruger que sabía que estaban allí. Tenían que conectar con ella y explicarle la situación. Si exponían la misión y al señor Kruger, tendrían una oportunidad para escapar.

Así que sacaron como pudieron el dispositivo que llevaban en el traje y llamaron.

—Misión Infiniti. Aquí Luchi y Ángel.

Hicieron varios intentos, pero nada. No escuchaban nada al otro lado y el tiempo empezaba a pasar. Cuando ya estaban desesperados oyeron la voz de Ana.

—¿Sí?, ¿todo bien allí arriba?

—La verdad es que no —dijo de manera atropellada Luchi—. Ahora mismo estamos atados a una caja de explosivos que el señor Kruger quiere hacer saltar por los aires para extraer regolito y llevárselo de vuelta a la Tierra de contrabando.

—¿Qué? —chilló fuera de sí Ana—. ¡Estáis locos!, nos van a matar a todos, a mí incluida cuando se enteren de todo.

—¡Calma! —dijo Luchi—. Nadie tiene por qué enterarse. Lo que sí tenemos que intentar es hacer pensar al señor Kruger que nosotros tenemos la sartén por el mango. Coge el teléfono del CEDEA y llama. Si el señor Kruger no atiende a razones, contaremos todo este embrollo. Tú graba la llamada y si siguen sin hacernos caso, lo publicas en todos los medios y redes sociales.

—Recibido —contestó Ana totalmente decidida.

—¡A por ello! —dijo Luchi y sin más empezó a gritar—. Señor Kruger, no le conviene eliminarnos. Mi hermana está en conexión con nosotros y al otro lado de la línea tiene al CEDEA. Todo está quedando registrado y si consigue volver a la Tierra, se pasará la vida en la cárcel.

—No me lo creo —dijo el señor Kruger con total escepticismo. Entonces oyó una voz que no era la de Luchi o Ángel.

—Como toque un pelo a mi hermana le espabilo y le haré la vida imposible en la Tierra en cuanto

aterrice —dijo Ana con tal determinación que nadie dudaba que lo haría.

Kruger puso los ojos en blanco y pensó: estos mocosos han llegado lejos, pero que muy lejos.

Entonces se oyó:

—Ha llamado al CEDEA, ¿en qué podemos ayudarle? —Ana entonces puso el teléfono en silencio y se dirigió a Kruger—. Desátalos o cantaré como un canario.

Kruger llegado a ese punto no lo dudó y los desató. Luchi y Ángel salieron corriendo en dirección a los auranos. Mientras iban con la lengua fuera, narraban a Ana:

—Vamos corriendo porque tenemos que llegar al cráter. Ahí estaremos a salvo.

De pronto, otra vez vieron al señor Kruger correr. Pero esta vez llegaron al cráter y cuando el señor Kruger se aproximó, se dio de bruces contra un muro invisible. Eran los auranos. Estos no lo dudaron. Le borraron la mente y le volvieron a reprogramar pasándole informes falsos sobre la poca valía de los materiales en la Luna y la no existencia de posible vida. Ahora era un ser inofensivo que había pasado a ser un aliado para sus intereses. No obstante, por si acaso lo llevaron a su nave espacial y lo ataron a la silla sumiéndole en un profundo sueño. Hasta que no volvieran a la Tierra no se volverían a preocupar de él.

—Gracias —les dijeron Luchi y Ángel a los auranos—. Nos habéis salvado la vida.

—¿Todos bien? —se oyó la voz de Ana nerviosa.

—Sí, sí —la tranquilizó Luchi—. Ahora estamos a salvo. Muchas gracias por la ayuda. Ha sido una actuación magistral. Nos queda una misión sin peligro y en cuanto estemos preparados para despegar retomaremos la conexión. Corto y cambio. —Cortó de manera abrupta Luchi. Todavía no quería desvelar a su hermana que habían encontrado a los auranos.

CAPÍTULO 16

LA MISIÓN MÁS DIFÍCIL DE LA HISTORIA

—Tenemos que volver a Auralis —dijo Ikui—. Kakura nos está esperando, ya sabe que el asuntillo de Kruger está resuelto y quiere retomar la conversación.

Y como empezaba a ser tradición, se puso entre medias de Luchi y Ángel para cogerles de la mano y así transportarse a donde quisieran. En este caso de vuelta al edificio medialuna.

—Bienvenidos de nuevo y gracias por los servicios prestados a la Luna —oyeron a Kakura hablar antes casi de darse cuenta de dónde estaba.

Kakura prosiguió con su discurso:

—Sin embargo, vuestra auténtica misión acaba de empezar, y me temo que será bastante más complicada que neutralizar unos explosivos. Ante vosotros tenéis la importante misión de salvar a vuestro planeta.

En ese momento, se empezaron a ver imágenes con los problemas a los que ya estaba empezando a enfrentarse la Tierra. Ciudades supercontaminadas en las que ya casi no se podía respirar. Tala masiva de árboles, por lo que muchos animales no tenían donde vivir. Contaminación de los océanos que se habían convertido en auténticos basureros. Calentamiento global del planeta con consecuencias impredecibles. Y así un sinfín de imágenes de lo más desmoralizante

—¿Qué podemos hacer nosotros? —dijo Luchi con timidez, abrumada ante dicha misión.

—A veces los actos más pequeños tienen un gran impacto completamente impredecible —prosiguió Kakura—. Sé por Ikui que ya habéis descubierto el poder del círculo. Yo, como jefe aurano, os hago entrega de este círculo, el cual os irá dando pequeñas misiones para que podáis ir cambiando la deriva que está cogiendo vuestro planeta. Ya habéis visto lo que hacemos aquí y cómo las luneras nos ayudan a no malgastar.

Kakura hizo una breve pausa antes de apuntar con rotundidad:

—Lo que sí os pedimos es que no desveléis nuestra existencia. Solamente se lo podréis decir a Ana, dado que ha sido imprescindible para neutralizar al señor Kruger y os podrá ayudar en futuras misiones. Ikui viajará con vosotros, será nuestro centinela en la Tierra. Ahora debéis volver allí para empezar vuestra misión: asegurar que en vuestro planeta no se malgastan los recursos naturales.

Y antes de que pudieran rechistar, Kakura desapareció y los dejó con los ojos como platos. Ikui los cogió de la mano y antes de ser conscientes, estaban al lado del señor Kruger. Este tenía una sonrisa bobalicona y se mostraba de lo más encantador. «Qué bien le había venido el cambio» pensaron todos.

—¿Quiénes sois? Encantado de conoceros —les dijo Kruger con una sonrisa de oreja a oreja. Luchi y Ángel se volvieron a presentar, como si nada hubiera pasado y le dijeron que debían volver a la Tierra. Así que el señor Kruger se puso a los mandos del cohete y tras un viaje sin incidentes, llegaron a la Tierra.

Eso sí, para no despertar sospechas se escondieron dentro de la misma caja en la que habían entrado al cohete. De esta forma, nadie fue consciente de que los dos niños acababan de vivir una auténtica aventura en la Luna. Y menos aún que había un extraterrestre con ellos. Por supuesto, Ikui en la Tierra se hizo invisible para que nadie lo viera.

Ya de vuelta en Mazagón, recogieron su chiringuito en la playa y retomaron el camino de vuelta a casa. Allí les esperaba Ana, tan nerviosa que parecía que iba a subirse por las paredes. Sus padres regresaban al día siguiente y ella seguía sin saber nada de Luchi y Ángel.

De pronto se abrió la puerta y allí los vio como si nada. Ana salió corriendo y se abalanzó sobre su hermana.

—Por fin —dijo Ana aliviada al verlos.

Luchi, que no sabía cómo despegarse de su hermana, le dijo:

—Traemos una sorpresa. —Y en ese instante apareció Ikui dando vueltas y mostrando todos los colores de manera intermitente.

—Soy Ikui —se presentó el aurano. Ana tardó en reaccionar pues estaba tan impresionada que no sabía qué decir.

—Yo Ana, la canguro —dijo por fin—. Gracias por traer de vuelta a mi hermana y a Ángel. Menudo susto me llevé con la llamada. He estado sobreviviendo a base de tilas desde entonces.

Después de las presentaciones, Luchi y Ángel le contaron con todo lujo de detalles todo lo que habían visto. Eso sí, antes tuvo Ana que prometer de todas las maneras posibles que no diría ni escribiría nada al respecto. Incluyendo la promesa más sagrada, la de los dedos meñiques. Era su secreto y nadie más podía saberlo.

También les enseñaron su *look* aurano. Luchi era casi como un duendecillo salido de irlanda, y Ángel parecía una antorcha de fuego. Ana no paró hasta que consiguió su *look*. Cómo no, su pelo pasó a ser rosa con mechas en varias tonalidades de morado. ¡No podía estar más encantada!

Así pasaron toda la tarde hasta que se oyó la puerta. Eran los padres de Luchi y Ana. Así que instantáneamente Ikui se hizo invisible. Y les cambió de apariencia a los niños para que nadie notase nada.

Cuando entraron, salieron corriendo y le dieron un abrazo enorme.

—¡Bienvenidos! —gritaron todos.

—¡Qué recibimiento! Ni que nos hubiésemos ido un mes —dijo la madre de Luchi sin ocultar una sonrisa enorme, pues la verdad es que estaba encantada.

Ikui quedó maravillado por su aura. Era la más brillante que había visto nunca. Y eso en los adultos era raro, pues parecía que la especie humana se echaba a perder al ir creciendo. Pero eso no era del todo cierto, había algunos adultos que conseguían mantener su niño interior aumentando su sabiduría, y los padres de Luchi y Ana eran un ejemplo de ello.

Ikui se quedó más tranquilo porque ahora sabía que podrían contar con ayuda de algún adulto. Aunque la Tierra estaba en una situación difícil no tenía duda de que conseguirían revertir la situación. Ahora tocaba descansar unos días para coger energía, pues sabía que tendrían mucho trabajo.

Menos mal que habían dado con Luchi y Ángel. Además, se habían traído el círculo y ellos habían aprendido la importancia de no malgastar y reutilizar las cosas. Con pequeñas acciones en cadena cambiarían el futuro del mundo.

En ese momento Ikui se fijó en un cuadro y supo que habían dado con los humanos adecuados. Contenía el lema de la familia: «Lo único imposible es aquello que no se intenta».

FIN

EPÍLOGO

UNA ÚLTIMA SORPRESA

La vuelta a la Tierra había sido de lo más precipitada, y eso les había dejado un sabor un poco agridulce. Lo que hubiesen dado por haber podido ver el gran festival lunar. Pero quedaban muchos días para la luna nueva y, simplemente, no era una opción. Así que ahí estaban, ya de vuelta en casa, como si no hubiese pasado nada. Cuando ya habían retomado la rutina, sin previo aviso, apareció Ikui de la nada.

—Vengo a por vosotros. Hoy empieza el gran festival lunar —dijo Ikui con una sonrisa enorme. Luchi y Ángel no se lo creían. Iban a volver y, además, por todo lo alto. Se enfundaron de nuevo en sus trajes y cogieron sus cascos-pecera. Esta vez, gracias a Ikui, llegaron a la Luna en menos de lo que canta un gallo.

Les impresionó lo que vieron. La Luna estaba abarrotada. Salían auranos de todas las esquinas. Era como si hubiesen llegado a un parque de atracciones sin límites. Eso sí, con bastantes singularidades. Las montañas rusas, como no podía ser de otra manera, las formaban las luneras. Eran altísimas y con unos bucles imposibles. Iban tan rápido que apenas distinguían un destello. En otra zona, había concurso de «Cambia-formas». Un aurano iba cambiando de forma, según lo que indicaba la tarjeta que había cogido, y el resto tenía que adivinarlo. También había bolos; eso sí, al no contar con la gravedad de la Tierra, era mucho más difícil acertar. Ángel e Ikui se quedaron embobados viendo los bolos gravedad 1.62 y no vieron cómo Luchi se escabullía.

A ella, eso del Lunsuf la había intrigado y había visto que también había un concurso extraordinario. Así que, sin pensárselo dos veces, se plantó allí y se apuntó como un aurano más. La primera vez que se subió a la tabla y surfeó una lunera, sintió una libertad y felicidad inexplicables. Había encontrado su deporte, una pena que solo lo pudiese practicar en la Luna. Como si no fuese suficiente, empezó a ganar rondas y, contra todo pronóstico, se plantó en la final.

De pronto, se hizo un silencio y anunciaron la final de Lunsuf. Kusuf contra Luchi, «la terrícola». Ángel e Ikui no salían de su asombro.

—¿Cuándo ha sido eso? Si estaba con nosotros —dijo Ángel, que seguía emocionado con los bolos.

—Vamos, corre, una final así no se ve todos los días —respondió Ikui, admirado por la hazaña de Luchi.

Luchi no se había visto en una igual. No tenía nada que perder, así que simplemente salió a disfrutar. Y vaya que si disfrutó, se lo pasó en grande. Kusuf iba mucho más rápido que ella, pero en uno de los giros tropezó y cayó irremediablemente. No se lo creía, ¡había ganado! Sí, como suena, ¡había ganado! Ángel la subió a hombros e Ikui revoloteaba a su alrededor.

Ahora sí que sí, habían cerrado esta primera misión como se merecía. Con una fiesta a lo grande. Sabía que tenían un largo camino por delante, pero sin duda había que disfrutarlo. Ahora ya, cada vez que mirase la Luna, recordaría aquel día en que surfeó luneras entre las estrellas. Al fin y al cabo, si queremos verlo, el mundo está lleno de magia.

PASEMOS A LA ACCIÓN

Somos la envidia de los auranos, pues vivimos en un planeta que, por describirlo en una palabra, es «**espectacular**». Hay millones de rincones únicos en los que podrías estar hasta el infinito. Esquiando en las montañas, buceando en la playa o simplemente paseando por la sierra. *¿Cuál es el tuyo?*

Y no somos los únicos, también es la casa de un sinfín de animales, desde las pequeñas hormigas hasta la gran ballena azul. *¿Cuál es tu animal favorito?*

Muchos están en **peligro**, y no porque haya un meteorito merodeando. Sino porque estamos destrozando la que es también su casa. Es más, vivimos como si pudiéramos remplazarla. Pero esto no es así. No hay otro sitio igual en toda la galaxia. *¿Qué cosas crees que no le sientan del todo bien a nuestro planeta?*

Por eso ha llegado el momento de los héroes. Y me refiero a los héroes de verdad. No a esos que llevan capa y antifaz y van como un elefante por una cacharrería. Sino a los **héroes invisibles**. Esos que con sus pequeños gestos diarios cambian el mundo. *¿Te imaginas por dónde empezar?*

Los auranos nos han mostrado la importancia de reducir el consumo. Así como las ventajas de reparar y reciclar. No obstante, seguro que a ti se te ocurren muchas más cosas que podemos hacer.

Y lo mejor es que somos muchos. Si consigues convencer a dos personas de que se unan a **tu plan**, y esas a su vez convencen a dos personas y así sucesivamente, este será imparable. Es como una explosión en cadena, pero de las buenas. Empieza con una chispita, pero acaba a lo grande.

¿Te sumas al reto de salvar al planeta?